ORIENTAÇÕES

Advento é tempo para se aprofundar na experiência que marcou o povo de Deus durante muitos séculos: a espera do Messias. O Pai nos mandou Jesus, seu Filho amado, que nasceu de Maria. Nossa novena propõe textos e histórias diferentes da liturgia, mas que pretendem levar a uma atuação nela. Participe!

- Antes de celebrar, leia todo o encontro para que você tenha segurança no momento de conduzi-lo. Alguém da família acolha com alegria as pessoas, criando um clima descontraído e familiar.
- As funções no encontro estão definidas pelas letras (**A** – animador; **L1**, **L2** e **L3** – leitores). Faça essa divisão com antecedência, permitindo, assim, que todos participem. É importante que, para cada encontro, tenha-se definido quem serão os leitores. Evite a dinâmica de cada um ler um pouquinho. Isso compromete o entendimento do texto.
- O ambiente seja preparado com carinho, dando destaque à Palavra de Deus, ao lado da qual pode-se colocar uma vela acesa e flores.
- É importante que as leituras bíblicas sejam proferidas diretamente da Bíblia que está em destaque no encontro. Peça para a pessoa que vai proferir ler com antecedência o texto bíblico.
- No final do livrinho, há algumas músicas. No caso, você mesmo pode preparar uma folha com mais músicas conhecidas pelo grupo. Convide pessoas que saibam tocar vilão, ou outro instrumento para ajudar na animação das músicas.
- Incentive o grupo para fazer uma confraternização no último dia.

VAMOS NOS CONECTAR!

Compartilhe as fotos dos encontros **Natal em Família 2021** nas redes sociais e marque o perfil da @scalaeditora
Partilhe conosco também como foi a experiência de rezar em comunidade. Aproveite para enviar a avaliação do grupo sobre o conteúdo e a dinâmica dos encontros. A opinião de vocês é muito importante para nós. Nosso endereço é: **editorial@scalaeditora.com.br**

Benedictus (Lc 1,68-79)

Bendito seja o Senhor Deus de Israel, porque a seu povo visitou e libertou; e fez surgir um poderoso Salvador na casa de Davi, seu servidor, como falara pela boca de seus santos, os profetas desde os tempos mais antigos, para salvar-nos do poder dos inimigos e da mão de todos quantos nos odeiam. Assim mostrou misericórdia a nossos pais, recordando a sua santa Aliança e o juramento a Abraão, o nosso pai, de conceder-nos que, libertos do inimigo, a ele nós sirvamos sem temor em santidade e em justiça diante dele, enquanto perdurarem nossos dias. Serás profeta do Altíssimo, ó menino, pois irás andando à frente do Senhor para aplainar e preparar os seus caminhos, anunciando ao seu povo a salvação, que está na remissão de seus pecados, pela bondade e compaixão do nosso Deus, que sobre nós fará brilhar o Sol nascente, para iluminar a quantos jazem entre as trevas e na sombra da morte estão sentados e para dirigir os nossos passos, guiando-nos no caminho da paz.

1º DIA

A melhor notícia!

VINDE, SENHOR!
A. Irmãos e irmãs, o amor de Deus nos convoca na fé a preparar o Natal do Senhor. Unidos na esperança de sua vinda, iniciemos o nosso encontro:
T. Em nome do Pai, e do Filho, e do Espírito Santo. Amém.
A. A festa do Natal, para muitos, tem se reduzido à farra do consumo. Vende-se de tudo em nome de um símbolo cristão. Nós não concordamos com isso e proclamamos a notícia de que o Natal é uma festa de amor.
T. Nossas famílias sonham com um Natal diferente!

Canto

EM TEMPO DE PANDEMIA
A. A pandemia da Covid-19 surpreendeu o mundo inteiro e, como disse o Papa Francisco, "deixou a descoberto as nossas falsas seguranças". Bento XVI, anteriormente, já nos alertara sobre o perigo que vivemos, pois "a sociedade cada vez mais globalizada torna-nos vizinhos, mas não nos faz irmãos".
L1. A Encíclica *Fratelli Tutti*, escrita pelo Santo Padre durante a pandemia, faz uma convocação a todos nós: cuidar do mundo que nos rodeia e sustenta é cuidar de nós mesmos. Mas precisamos nos constituir como um nós que habita a Casa Comum.
L2. Gerar, cuidar e proteger são partes da missão dada por Deus à Virgem Maria e a São José. Esse humilde casal de Nazaré foi escolhido por Deus para dar entrada à salvação no mundo. Gerar, cuidar e proteger também são partes de nossa missão cristã no mundo.

A. O Papa Francisco nos diz: "Oxalá não seja inútil tanto sofrimento, mas tenhamos dado um salto para uma nova forma de viver. E descubramos, enfim, que precisamos e somos devedores uns dos outros, para que a humanidade renasça com todos os rostos, todas as mãos e todas as vozes, livre das fronteiras que criamos."

Canto

A PALAVRA DE DEUS
A. Chegou a hora da proclamação da Palavra que nos traz a mensagem da Salvação. Vamos educar nossos ouvidos para ouvir os apelos do Senhor.
L3. Do Evangelho segundo Lucas 1,26-38. *(Ler diretamente na Bíblia)*
A. Senhor, que vossa Palavra ilumine a vida de nossas famílias!

(Instante de silêncio)

VAMOS REFLETIR
A. Somos discípulos de Cristo. O Menino que nasceu em Belém para libertar o mundo do pecado. Ele está vivo e a sua presença hoje é a melhor notícia que a humanidade pode receber.
T. *O anúncio da chegada de Cristo ao mundo ainda não foi ouvido por todos!*
L1. Somos discípulos de Cristo e a nossa intimidade com ele sustenta a vida, dando sentido aos passos da caminhada e força para enfrentar os desafios postos pelo egoísmo tão presente no mundo de hoje.
T. *O anjo Gabriel disse a Maria que Jesus veio para salvar o mundo dos seus pecados!*
L2. Somos missionários de Cristo. Somos anunciadores e testemunhas da salvação que Jesus nos trouxe. A palavra que nos é dada resgata a dignidade humana açoitada pela violência e a exploração.
T. *Aquele que nasceu de Maria veio instaurar um reino que nunca terá fim!*
L3. Somos missionários de Cristo. A missão que ele nos confiou parte da experiência que cada um de nós e cada uma de nossas famílias e comunidades faz na intimidade do seu coração.
T. *O "sim" de Maria é a nossa inspiração e a nossa força!*
L1. Na Igreja, como irmãos, crescemos na experiência de sermos discípulos e missionários de Cristo. Ser fraterno, ser próximo de quem precisa, é a primeira exigência missionária de quem segue o Evangelho de Jesus.
T. *Quanto mais próximos estivermos de Jesus, mais próximos estaremos dos irmãos.*
A. Tudo o que foi lido até aqui tem a intenção de ajudar o nosso grupo a refletir neste momento. Vamos abrir o nosso coração e participar.

(As perguntas abaixo podem ser substituídas por outras sugeridas pelo grupo.)

1. Como nos encontramos ao enfrentar a realidade da pandemia?
2. O trecho da anunciação é riquíssimo em mensagens para nossa vida. Quais lições ele nos dá hoje?

3. Como tem sido a celebração do Natal em nossas famílias? Há alguma coisa a ser mudada?

Canto

GESTO CONCRETO
A. A novena do Natal em Família pode dar muitos frutos. Pode nos ajudar a chegar ao centro do evangelho de Cristo, que é a caridade. Vamos combinar uma ação concreta para simbolizar o compromisso de nossas famílias com a oração da novena.
(Conversa livre)

PROFISSÃO DE ESPERANÇA
A. O Natal de Jesus Cristo, nosso Senhor, é a concretização de nossa esperança. Renovemos nossa esperança por dias melhores:
T. Bendito seja o Senhor Deus de Israel... *(pág. 2)*

NOSSAS SÚPLICAS
A. Rezemos pelas nossas famílias e por todas as famílias do mundo.
L2. Pelas famílias que ainda hoje sofrem o luto pelas vítimas da Covid-19 e pelos efeitos das diversas crises causadas pela pandemia, para que encontrem amparo e soluções duradouras para seus problemas, rezemos ao Senhor.
T. Senhor, escutai a nossa prece!
L3. Por todas as famílias que são penalizadas com a miséria e o desemprego, para que encontrem nas políticas de promoção da pessoa humana as oportunidades de que necessitam, rezemos ao Senhor.
T. Senhor, escutai a nossa prece!
(Preces espontâneas)
A. Senhor, nosso Pai, que nos destes a boa notícia da chegada de vosso Filho ao mundo, bendito sois por este encontro fraterno, sinal de vosso amor. Acolhei as nossas súplicas em nossas necessidades e livrai-nos sempre de todos os perigos.
T. Pai nosso, que estais nos céus... Ave Maria, cheia de graça...

VAMOS, SENHOR!
A. Nosso encontro termina e nossa missão continua. Peçamos a bênção para continuarmos perseverantes no seguimento de Jesus Cristo.
A. Nossa esperança está no nome do Senhor!
T. Que fez o céu e a terra.
A. O Senhor nos abençoe e nos guarde! O Senhor nos mostre o seu rosto e tenha compaixão de nós! O Senhor volte para nós o seu olhar e nos dê a paz! Que a bênção do Senhor desça abundante em nossa vida.
T. Em nome do Pai, e do Filho, e do Espírito Santo. Amém.

Canto final

2º DIA

Urgência em fazer o bem!

VINDE, SENHOR!
A. Irmãos e irmãs, o amor de Deus nos convoca na fé a preparar o Natal do Senhor. Unidos na esperança de sua vinda, iniciemos o nosso encontro:
T. Em nome do Pai, e do Filho, e do Espírito Santo. Amém.
A. O primeiro efeito espiritual da resposta dada por Maria ao Pai foi a decisão de ir ao encontro de uma pessoa necessitada. Não há sentido cristão para a festa do Natal fora da prática do amor e da caridade.
T. Nossas famílias celebram o Natal de Jesus, seguindo o exemplo de Maria!

Canto

EM TEMPO DE PANDEMIA
A. A percepção correta dos estragos que fazemos em nosso planeta Terra cria a consciência da necessidade de cuidarmos desta nossa Casa Comum.
L1. Durante a pandemia da Covid-19, não faltam descuidos e descasos. E foi a natureza que expeliu este vírus-mortal! Esta terra que acolheu Jesus e nos acolhe deve suscitar nosso amor, interesse e operosidade reparadora. Papa Francisco escreveu:
L2. Se "os desertos exteriores se multiplicam no mundo, porque os desertos interiores se tornaram tão amplos", a crise ecológica é um apelo a uma profunda conversão interior. Viver a vocação de guardiões da obra de Deus não é algo opcional nem um aspecto secundário da experiência cristã, mas parte essencial de uma existência virtuosa.

A. A harmonia do presépio inspire a cada um de nós a plena existência cristã. A mensagem do Natal amplia a consciência de cada um de como praticar a justiça de Deus nesta terra dos homens, dela cuidando. Jesus, Maria e José nos convidam a levar uma vida virtuosa.

Canto

A PALAVRA DE DEUS
A. Este é o momento de ouvir da Palavra de Deus. Vamos dispor nosso coração para acolher o que o Senhor quer nos dizer no dia de hoje.
L3. Leitura do Evangelho segundo Lucas 1,39-56. *(Ler diretamente na Bíblia)*
A. Senhor, que vossa Palavra ilumine a vida de nossas famílias!
(Instante de silêncio)

VAMOS REFLETIR
A. Somos discípulos de Cristo. Não existe possibilidade de aprofundar essa nossa vocação sem um rápido, efetivo e forte compromisso com as pessoas e comunidades necessitadas e sofridas.
T. O testemunho do serviço é o caminho que devemos seguir!
L1. Somos discípulos de Cristo. E a nossa união com ele cresce na mesma medida em que cresce a nossa união com os irmãos, especialmente com os mais pobres e abandonados do mundo.
T. A pressa de Maria para ir ao encontro de Isabel é a expressão de sua fé!
L2. Somos missionários de Cristo. E há muito mais força de anúncio do evangelho num gesto de caridade do que num encontro de doutrinação sem o devido clima de amor e de respeito.
T. A gratidão de Isabel ao gesto de Maria é a resposta do amor a quem serve!
L3. Somos missionários de Cristo. A missão que nos foi dada por Cristo é a mesma que ele mesmo realizou entre nós. Passou pelo mundo fazendo o bem.
T. A pressa em fazer o bem é um sinal de fidelidade à missão que Cristo nos confiou!
L1. Na Igreja, como irmãos, encontramos o ambiente próprio para cultivarmos o compromisso de maior empenho pela transformação do mundo pela prática do amor e do serviço. Como Maria, somos chamados a descobrir a necessidade dos irmãos e ir ao seu encontro, sem demora.
T. O amor é uma urgência no mundo!
A. Esta é uma hora muito especial de nossa novena. Hora de compartilhar o que pensamos e sentimos. Todos podem participar, basta abrir o coração.
(As perguntas abaixo podem ser substituídas por outras sugeridas pelo grupo)
1. Alguém teria uma história edificante a contar vivenciada durante a pandemia?
2. O texto do evangelho narra a visita de Maria a Isabel. O que ele nos inspira hoje?

3   Nosso grupo de famílias tem frequentado e celebrado o Advento na paróquia e na comunidade?

Canto

GESTO CONCRETO
A. Esta novena do Natal sempre leva a um compromisso concreto. No primeiro encontro, iniciamos uma conversa sobre o gesto do nosso grupo. Vamos dar andamento ao que combinamos e não nos esquecermos de que toda ação evangelicamente inspirada é acompanhada pela bondade e pela oração.

(Conversa livre)

PROFISSÃO DE ESPERANÇA
A. O Natal de Jesus Cristo, nosso Senhor, é a concretização de nossa esperança. Renovemos nossa esperança por dias melhores:
T. **Bendito seja o Senhor Deus de Israel...** *(pág. 2)*

NOSSAS SÚPLICAS
A. Rezemos pelas nossas famílias e especialmente por todas as famílias necessitadas.
L2. Pelas famílias que sofrem pela falta de dinheiro e com isso não conseguem sustentar os filhos e nem construir um presente e um futuro digno, rezemos ao Senhor.
T. **Senhor, escutai a nossa prece!**
L3. Por todas as famílias que tanto precisam de ajuda para criarem suas crianças, amparar seus idosos e lutar pelos seus doentes, rezemos ao Senhor.
T. **Senhor, escutai a nossa prece!**

(Preces espontâneas)

A. Senhor, nosso Pai, que nos destes a boa notícia da chegada de vosso Filho ao mundo, bendito sois por este encontro fraterno, sinal do seu amor. Acolhei as nossas súplicas em nossas necessidades e livrai-nos sempre de todos os perigos.
T. **Pai nosso, que estais nos céus... Ave Maria, cheia de graça...**

VAMOS, SENHOR!
A. Nosso encontro termina e nossa missão continua. Peçamos a bênção para continuarmos perseverantes no seguimento de Jesus Cristo.
A. Nossa esperança está no nome do Senhor!
T. **Que fez o céu e a terra.**
A. Que a bênção do Senhor desça abundante em nossa vida.
T. **Em nome do Pai, e do Filho, e do Espírito Santo. Amém.**

Canto final

3º DIA

Não havia lugar para eles!

VINDE, SENHOR!
A. Irmãos e irmãs, o amor de Deus nos convoca na fé a preparar o Natal do Senhor. Unidos na esperança de sua vinda, iniciemos o nosso encontro:
T. **Em nome do Pai, e do Filho, e do Espírito Santo. Amém.**
A. O mundo de hoje está expulsando os valores bonitos da fé como o da fraternidade entre as pessoas e, no lugar dele, está colocando o valor da competição. O Natal é denúncia contra essa inversão negativa.
T. **Nossas famílias celebram o Natal e pedem um mundo mais humano!**

Canto

EM TEMPO DE PANDEMIA
A. Já faz mais de um ano que a Covid-19 virou nossa sociedade pelo avesso e mostrou suas entranhas de desigualdades e contradições.
L1. Essa revirada desarrumou o habitual, estacionou o contínuo progredir, fechou empresas e comércios, desempregou. Milhões caíram na malha da pobreza e todos escorregam em incertezas. A custo os olhos dos governantes se abrem para além do que viam e alicerçam novas retomadas criativas.
L2. Jesus, Maria e José também viveram o drama da migração. José, o trabalhador que cedo migrou com os seus, viveu as incertezas de estar desempregado, chegando a uma terra estrangeira. Estar desempregado sem perder a esperança de ver sua profissão revalidada para garantir o sustento dos seus.
A. Se se aceita o grande princípio dos direitos que brotam do simples fato de possuir a inalienável dignidade humana, é possível aceitar o desafio de sonhar e pensar em uma humanidade diferente. É possível dese-

jar um planeta que garanta terra, teto e trabalho para todos. Esse é o verdadeiro caminho da paz, e não a estratégia insensata e míope de semear medo e desconfiança perante ameaças externas

Canto

A PALAVRA DE DEUS
A. Neste momento, somos convidados a acolher da Palavra de Deus dirigida a nós no hoje de nossa vida.
L3. Leitura do Evangelho segundo Lucas 2,1-7. *(Ler diretamente na Bíblia)*
A. Senhor, que vossa Palavra ilumine a vida de nossas famílias!
(Instante de silêncio)

VAMOS REFLETIR
A. Somos discípulos de Cristo. Ele nasceu num lugar onde Maria e José não encontraram espaço e conforto para recebê-lo. Tiveram que ir para a periferia, para uma estrebaria, para uma gruta.
T. A realidade dos nossos tempos é parecida com a Belém de Jesus!
L1. Somos discípulos de Cristo. Somos discípulos daquele menino que nasceu no silêncio e no abandono de uma cidade ocupada e insensível ao drama de um casal pobre.
T. A cena do presépio não combina com o luxo e a ostentação dos nossos dias!
L2. Somos missionários de Cristo. E o anúncio da novidade que Jesus trouxe para o mundo requer uma profunda crítica ao desperdício e ao culto às aparências dos nossos tempos.
T. O nascimento de Jesus nos arredores da barulhenta Belém é uma mensagem atual!
L3. Somos missionários de Cristo. O barulho das nossas cidades em torno da busca que nunca termina para acumular bens e sofisticar o conforto está distante do ambiente do presépio.
T. Jesus nasceu e seu nascimento não foi notado pelos distraídos daquele tempo!
L1. Na Igreja, como irmãos, somos chamados a celebrar o nascimento de Cristo, prestando atenção em cada detalhe de sua mensagem e de seu modo de agir. Aquele Menino de Belém não veio legitimar um mundo enlouquecido pelo dinheiro, pelo poder e pela fama.
T. O Natal exige mudança de mentalidade e profunda conversão do coração.
A. Chegou a oportunidade de nos abrirmos para uma conversa bem ampla e fraterna. Vamos nos deixar interpelar pelo tema da nossa novena e participar.
(As perguntas abaixo podem ser substituídas por outras sugeridas pelo grupo)
1. O que tem a ver o problema da mobilidade humana e a nossa fé cristã?
2. A descrição do nascimento de Jesus no evangelho proclamado hoje lembra que não havia lugar para ele na cidade. E hoje, você acha que há lugar para Jesus nascer?

3. E nossas famílias reunidas aqui, hoje, têm dado um testemunho de compromisso com a nossa comunidade paroquial e diocesana?

Canto

GESTO CONCRETO
A. No final da série de encontros que estamos fazendo nesta novena, este nosso grupo vai realizar uma ação concreta como símbolo do nosso compromisso neste natal. Por isso mesmo que insistimos em lembrar que ação será essa para que ela seja inteiramente assimilada pela nossa reflexão e oração.
(Conversa livre)

PROFISSÃO DE ESPERANÇA
A. O Natal de Jesus Cristo, nosso Senhor, é a concretização de nossa esperança. Renovemos nossa esperança por dias melhores:
T. **Bendito seja o Senhor Deus de Israel...** *(pág. 2)*

NOSSAS SÚPLICAS
A. Rezemos pelas famílias cristãs e não-cristãs do mundo inteiro.
L2. Pelas famílias que acreditam no nome do Senhor, para que sejam fiéis e perseverantes em seguir os seus mandamentos e a anunciarem a alegria da fé, rezemos ao Senhor.
T. **Senhor, escutai a nossa prece!**
L3. Por todas as famílias que não acolhem o nome de Jesus, mas são fiéis ao seu desígnio de amor em várias religiões e entre pessoas que não têm religião alguma, rezemos ao Senhor.
T. **Senhor, escutai a nossa prece!**
(Preces espontâneas)
A. Senhor, nosso Pai, que nos destes a boa notícia da chegada de vosso Filho ao mundo, bendito sois por este encontro fraterno, sinal do seu amor. Acolhei as nossas súplicas em nossas necessidades e livrai-nos sempre de todos os perigos.
T. **Pai nosso, que estais nos céus... Ave Maria, cheia de graça...**

VAMOS, SENHOR!
A. Nosso encontro termina e nossa missão continua. Peçamos a bênção para continuarmos perseverantes no seguimento de Jesus Cristo.
A. Nossa esperança está no nome do Senhor!
T. **Que fez o céu e a terra.**
A. Que a bênção do Senhor desça abundante em nossa vida.
T. **Em nome do Pai, e do Filho, e do Espírito Santo. Amém.**

Canto

4º DIA

O Filho de Deus!

VINDE, SENHOR!
A. Irmãos e irmãs, o amor de Deus nos convoca na fé a preparar o Natal do Senhor. Unidos na esperança de sua vinda, iniciemos o nosso encontro:
T. Em nome do Pai, e do Filho, e do Espírito Santo. Amém.
A. Jesus, o Menino de Belém, é o Filho amado do Pai que chega ao mundo para transformar todos nós em pessoas melhores e celebrar o seu Natal é o mesmo que comprometer-se com essa transformação.
T. Nossas famílias querem ser transformadas neste Natal!

Canto

EM TEMPO DE PANDEMIA
A. Nesta longa pandemia, poucas são as pessoas que não sofrem com a ansiedade e o medo. Inúmeros são os casos doentios. Somos, além disso, de uma época regida pela lei de vencer e levar vantagem a qualquer preço. Vivemos uma época comandada pelo imediatismo, a pressa, pelas palavras "logo" e "já".
L1. Maria e José, na certa, sem atenção à sua vida interior, jamais escutariam a voz de Deus no tumulto da decepção e da raiva. Uma vida interior cultivada nos deixa mais ou menos preparados para a hora em que, no inesperado, cheguemos aonde não saberíamos que íamos.
L2. A vida como ela é requer de nossa inteligência amorosa e espiritual a disponibilidade, chave para que o melhor aconteça a partir dos sustos, medos e ansiedade. O Papa Francisco nos relembra que a natureza está cheia de palavras de amor; mas como poderemos ouvi-las no meio do ruído constante, da distração permanente e ansiosa, ou do culto da notoriedade?

A. Maria e José nos apontam um caminho para evitar que, nas surpresas da vida e no inesperado tenhamos a consciência de estar em Deus e não permaneçamos ora superficiais, ora agressivos. Não podemos descartar Deus de nossos desejos e sonhos e nem podemos deixar de nos importar com os desejos e os sonhos de Deus com respeito a nós.

Canto

A PALAVRA DE DEUS
A. Acolhamos a Palavra de Deus. Ela tem o poder de sustentar a nossa vida e guiar nossa caminhada.
L3. Leitura do Evangelho segundo Lucas 3,21-22. *(Ler diretamente na Bíblia)*
A. Senhor, que vossa Palavra ilumine a vida de nossas famílias!

(Instante de silêncio)

VAMOS REFLETIR
A. Somos discípulos de Cristo. No Batismo de Jesus, uma voz clara e firme se ouviu do céu. Era uma declaração de amor. Ele é o Filho querido do Pai. O enviado para mudar a vida do mundo.
T. Precisamos de mudança e de nos convencer de que somos amados com Jesus!
L1. Somos discípulos de Cristo. Somos batizados no amor do Pai. Mergulhados no amor do Pai para realizarmos uma missão de amor nas comunidades.
T. Todos os batizados são chamados a experimentar e anunciar o amor de Jesus!
L2. Somos missionários de Cristo. A missão confiada aos batizados é a mesma dada a Jesus: revelar, por meio do testemunho e da palavra, o caminho que leva de volta ao céu!
T. O Batismo de Jesus é fonte de inspiração para o mundo de hoje!
L3. Somos missionários de Cristo. Em cada casa onde se celebra a alegria de ser batizado em nome da Santíssima Trindade, pode se fazer a festa do amor que convoca todos à conversão e à felicidade.
T. A festa do Natal não é expressão de comodidade, e sim apelo à mudança de vida!
L1. Na Igreja, como irmãos, podemos compreender melhor a mensagem dada pelo Pai no batismo de Jesus. Ele declara seu amor radical pelo Filho para nos incluir a todos nesse imenso amo; para nos despertar a todos para o compromisso de um novo nascimento na fé e para uma vida que nos reeduque para a partilha.
T. Nossa fé é compromisso de solidariedade com os mais sofridos e pobres do mundo.
A. Neste momento, todos são chamados a participar. Cada um pode trazer sua opinião e seu sentimento para enriquecer a reflexão da comunidade reunida nesta novena.
(As perguntas abaixo podem ser substituídas por outras sugeridas pelo grupo)
1. O que significa ter vida interior, espiritualidade?

2. A passagem do evangelho de Lucas sobre o Batismo de Cristo nos ajuda a compreender o sentido desse Advento que estamos vivendo? Como?
3. Nosso grupo de famílias que se reúne para a novena de Natal tem outros momentos do ano para também se engajar na evangelização? De quem maneira?

Canto

GESTO CONCRETO
A. Já decidimos qual será o gesto concreto que nosso grupo vai realizar como sinal de compromisso da nossa oração na comunidade. Mas precisamos assegurar que todos vão participar dessa ação conjunta e todos vão continuar rezando pelo êxito da nossa iniciativa.

(Conversa livre)

PROFISSÃO DE ESPERANÇA
A. O Natal de Jesus Cristo, nosso Senhor, é a concretização de nossa esperança. Renovemos nossa esperança por dias melhores:
T. Bendito seja o Senhor Deus de Israel... *(pág. 2)*

NOSSAS SÚPLICAS
A. Rezemos por todas as famílias que passam por dificuldades financeiras.
L1. Pelas famílias que ganham tão pouco que não podem suprir as obrigações básicas de casa, para que se unam a outras famílias para exigir condições melhores na sociedade, rezemos ao Senhor.
T. Senhor, escutai a nossa prece!
L2. Por todas as famílias que, mesmo tendo pouco, permanecem atentas às necessidades dos vizinhos, para que não desanimem neste caminho da generosidade, rezemos ao Senhor.
T. Senhor, escutai a nossa prece!

(Preces espontâneas)

A. Senhor, nosso Pai, que nos destes a boa notícia da chegada de vosso Filho ao mundo, bendito sois por este encontro fraterno, sinal do seu amor. Acolhei as nossas súplicas em nossas necessidades e livrai-nos sempre de todos os perigos.
T. Pai nosso, que estais nos céus... Ave Maria, cheia de graça...

VAMOS, SENHOR!
A. Nosso encontro termina e nossa missão continua. Peçamos a bênção para continuarmos perseverantes no seguimento de Jesus Cristo.
A. Nossa esperança está no nome do Senhor!
T. Que fez o céu e a terra.
A. Que a bênção do Senhor desça abundante em nossa vida.
T. Em nome do Pai, e do Filho, e do Espírito Santo. Amém.

Canto

A vitória sobre o mal!

VINDE, SENHOR!
A. Irmãos e irmãs, o amor de Deus nos convoca na fé a preparar o Natal do Senhor. Unidos na esperança de sua vinda, iniciemos o nosso encontro:
T. Em nome do Pai, e do Filho, e do Espírito Santo. Amém.
A. Jesus, confrontado com os grandes testes da fé chamados de "tentações do deserto", nos deixou um caminho seguro para a vitória sobre toda a maldade que ainda insiste em tirar a luz de nossas vidas.
T. Nossas famílias podem ser iluminadas na celebração deste Natal!

Canto

EM TEMPO DE PANDEMIA
A. Neste longo distanciamento social, a casa se tornou o lugar privilegiado da vida que circula, anima, revigora perspectivas. Ou o inverso! Não faltou quem experimentasse agruras de porco-espinho e solidão, abandono. Casamentos até se desfizeram. Houve um movimento crescente de agressividade e morte.
L1. A pandemia, no caso, acentuou algo que nos últimos cinco anos já contaminava o país e nossa gente: polarizações agressivas em todas as áreas, inclusive a religiosa. Discordâncias raivosas à solta.
L2. Quem mergulha na riqueza que são as diferenças reata o diálogo, esse compromisso de respeito e amor. Que bênção foi, durante a Quaresma, o tema da Campanha da Fraternidade Ecumênica deste ano de 2021: fraternidade e diálogo, compromisso de amor.
A. É fundamental acolher o chamado à escuta, ao diálogo, à sustentação do valor das diversidades e diferenças. A hora é de pontes e não de

muros, insiste o Santo Padre. Imaginemos as boas conversas, o crescimento que podemos ter se formos capazes de dialogar!

Canto

A PALAVRA DE DEUS
A. Momento de acolher, com a alegria, a proclamação da Palavra de Deus. Com docilidade e prontidão, vamos ouvir.
L3. Leitura do Evangelho segundo Lucas 4,1-13. *(Ler diretamente na Bíblia)*
A. Senhor, que vossa Palavra ilumine a vida de nossas famílias!

(Instante de silêncio)

VAMOS REFLETIR
A. Somos discípulos de Cristo. O cenário das tentações não mudou desde os tempos de Jesus. O Maligno renova, todos os dias, suas ciladas para derrubar o cristão e fazê-lo se distanciar dos ensinamentos do Pai.
T. **A força de Jesus é a nossa força diante do mal!**
L1. Somos discípulos de Cristo. Sofremos as tentações do mesmo modo que Jesus e, somente com os olhos fixos nele e no evangelho, podemos responder a elas com firmeza e vencer o mal que nelas existe.
T. **As tentações são frequentes e só podem ser combatidas com a força da fé!**
L2. Somos missionários de Cristo. Suas respostas às tentações do Diabo estão embasadas no conhecimento do amor do Pai e na completa adesão ao seu projeto de amor no mundo.
T. **Só vence as tentações do mundo quem tem Jesus no presépio do próprio coração!**
L3. Somos missionários de Cristo. E o anúncio que levamos ao mundo de hoje é aquele simbolizado pela força testemunhada por Cristo diante dos testes de fé que o Diabo sempre impõe ao mundo.
T. **A festa do Natal pode ser ocasião propícia para contemplar Jesus que vence o mal!**
L1. Na Igreja, como irmãos, cada uma de nossas famílias pode experimentar a força que somente a fé na bondade e na misericórdia do Pai pode dar e a certeza de que, com ela, a exemplo do que Jesus fez no deserto, todos podem ser vitoriosos diante das tentações do dinheiro, do poder e da fama que o Diabo sempre apresenta aos cristãos e às comunidades.
T. **Queremos perseverar na luz de Jesus!**
A. Hora de participação. Hora de manifestarmos livremente o que sentimos e pensamos durante este nosso encontro de reflexão e oração que nos prepara para bem celebrar o Natal de Jesus.

(As perguntas abaixo podem ser substituídas por outras sugeridas pelo grupo)
1. Qual a importância que damos ao diálogo em nossa vida?
2. O trecho do evangelho proclamado nos aponta para a dura experiência dos apegos que tanto nos rodeiam e tanto nos distanciam da vida na graça de Deus. Comentemos essa passagem.

3. As famílias que estão frequentando essa novena, nossas famílias, têm se engajado na liturgia deste Advento celebrado na comunidade ou na paróquia? De que modo?

Canto

GESTO CONCRETO
A. O gesto concreto da novena já deve ter sido escolhido pelo nosso grupo, mas não podemos deixá-lo apenas para o último dia. Cada dia é bom ir acrescentando outras ações para que todos tenham, efetivamente, oportunidade de participar na realização desse gesto.

(Conversa livre)

PROFISSÃO DE ESPERANÇA
A. O Natal de Jesus Cristo, nosso Senhor, é a concretização de nossa esperança. Renovemos nossa esperança por dias melhores:
T. **Bendito seja o Senhor Deus de Israel...** *(pág. 2)*

NOSSAS SÚPLICAS
A. Rezemos por todas as famílias que enfrentam dificuldades com o mundo das drogas.
L1. Pelas famílias atingidas por algum tipo de influência que as drogas exercem com sua produção, com o seu comércio e com o seu consumo, para que se libertem desse peso, rezemos ao Senhor.
T. **Senhor, escutai a nossa prece!**
L2. Por todas as famílias que sofrem para encontrar ajuda na recuperação de pessoas que são vítimas do álcool, para que não desanimem de achar um caminho, rezemos ao Senhor.
T. **Senhor, escutai a nossa prece!**

(Preces espontâneas)

A. Senhor, nosso Pai, que nos destes a boa notícia da chegada de vosso Filho ao mundo, bendito sois por este encontro fraterno, sinal do seu amor. Acolhei as nossas súplicas em nossas necessidades e livrai-nos sempre de todos os perigos.
T. **Pai nosso, que estais nos céus... Ave Maria, cheia de graça...**

VAMOS, SENHOR!
A. Nosso encontro termina e nossa missão continua. Peçamos a bênção para continuarmos perseverantes no seguimento de Jesus Cristo.
A. Nossa esperança está no nome do Senhor!
T. **Que fez o céu e a terra.**
A. Que a bênção do Senhor desça abundante em nossa vida.
T. **Em nome do Pai, e do Filho, e do Espírito Santo. Amém.**

Canto

6º DIA

Missão de evangelizar os pobres!

VINDE, SENHOR!
A. Irmãos e irmãs, o amor de Deus nos convoca na fé a preparar o Natal do Senhor. Unidos na esperança de sua vinda, iniciemos o nosso encontro:
T. Em nome do Pai, e do Filho, e do Espírito Santo. Amém.
A. Jesus, nasce pobre e no meio dos pobres para realizar uma missão de bondade e de amor de modo que todo o mundo se converta para uma vida nova e marcada pela simplicidade.
T. Nossas famílias são evangelizadas pelo Natal de Jesus, que traz uma boa nova aos pobres!

Canto

EM TEMPO DE PANDEMIA
A. Se nossa busca de serenidade, equilíbrio, saúde mental, em meio às tristezas geradas sem cessar pela pandemia, se inspirar no exemplo da família de Nazaré, ganharemos resiliência, um tanto bom de coragem, de alegria, de crescimento na gestão de nossas emoções.
L1. Esta pandemia que nos acossa não permitirá um simples retorno à tranquilidade. Nesse momento de incertezas, convém iluminar nossa coragem e esperança com fraternidade e amizade social. Isso deve começar em nossa própria casa.
L2. Falta força a muita gente para romper com manejos relacionais destrutivos. Com tantas religiões pululando entre nós, há na prática uma crescente indiferença ao crer que converte. Não vemos egoísmo em Maria e José, tampouco um esquecimento da realidade.

A. Sejam José e Maria uma inspiração para nossos caminhos. Maria testemunha o que é fazer a vontade de Deus. José é transmissor do que seja a fidelidade. Maria e José são mediadores para que haja redenção. É necessário que também nós perseveremos em nossa vocação.

Canto

A PALAVRA DE DEUS
A. Acolhamos, com a entusiasmo, o anúncio da Palavra de Deus. Que tenhamos a disposição para ouvir como discípulos.
L3. Leitura do Evangelho segundo Lucas 4, 14-21. *(Ler diretamente na Bíblia)*
A. Senhor, que vossa Palavra ilumine a vida de nossas famílias!
(Instante de silêncio)

VAMOS REFLETIR
A. Somos discípulos de Cristo. Ele entrou na sinagoga de Nazaré e leu a passagem que trazia o retrato da sua missão no mundo: evangelizar os pobres, devolver a liberdade aos cativos e a visão aos cegos.
T. **Estamos atravessando uma das piores fases da história econômica da humanidade!**
L1. Somos discípulos de Cristo. No aprofundamento do evangelho que ele nos deixou, aprendemos que a história que divide o mundo entre ricos e pobres não é uma fatalidade e as crises são frutos da ganância.
T. **A tragédia está na ambição de quem julga não precisar nem de Deus e nem dos outros!**
L2. Somos missionários de Cristo. Para realizar sua missão, teremos de nos convencer de que o combate a pobreza passa pela conversão dos corações e dos sistemas que privilegiam o lucro.
T. **Somente a união de pessoas e nações em busca de soluções pode salvar o mundo das crises!**
L3. Somos missionários de Cristo. E dele fazemos o anúncio claro que os pobres são evangelizados à medida que todos se convertam para a prática da justiça e do direito.
T. **O Natal não pode mais ser uma festa na qual se celebra a fartura e se humilham os pobres!**
L1. Na Igreja, como irmãos, nossas famílias descobrem que a missão de Cristo proclamada na sinagoga de Nazaré é a missão de todo batizado e que a evangelização dos pobres diz respeito a todos da comunidade. Somente com uma profunda conversão no sentido de mudar o mundo para Cristo, encontraremos a recuperação de nossas vistas e a liberdade de viver em paz.
T. **Nossa missão é evangelizar!**
A. Este é um momento privilegiado da nossa novena. Momento em que cada pessoa aqui presente pode apresentar a riqueza do que pensa e do que sente para fortalecer nossa meditação e nossa oração.
(As perguntas abaixo podem ser substituídas por outras sugeridas pelo grupo)
1. O senhor já idoso da história que ouvimos tinha uma grande lição sobre a pobreza a dar ao seu jovem visitante. Essa lição serve para nós no dia de hoje?

2. A passagem bonita do quarto capítulo do evangelho de Lucas mostra Jesus lendo um trecho do livro do profeta Isaías. Vamos comentar esse trecho.
3. Qual tem sido o grau de pertença e de participação das famílias que estão presentes nessa nossa novena de Natal na paróquia a que pertencemos? Pode melhorar? Como?

Canto

GESTO CONCRETO
A. Uma decisão já foi tomada aqui no grupo em relação ao gesto concreto que vamos realizar no final da novena de Natal. Enquanto não chega o momento dessa realização, precisamos meditar, com profundidade, sobre o significado desse gesto.
(Conversa livre)

PROFISSÃO DE ESPERANÇA
A. O Natal de Jesus Cristo, nosso Senhor, é a concretização de nossa esperança. Renovemos nossa esperança por dias melhores:
T. **Bendito seja o Senhor Deus de Israel...** *(pág. 2)*

NOSSAS SÚPLICAS
A. Rezemos por todas as famílias que enfrentam a fome e a miséria.
L1. Pelas famílias pobres, que sofrem por não encontrar meios de sustentar seus filhos com trabalho honesto, para que sejam sempre amparadas e ajudadas, rezemos ao Senhor.
T. **Senhor, escutai a nossa prece!**
L2. Por todas as famílias que são assistidas pelos programas sociais dos governos e das igrejas, para que não se acomodem e jamais se deixem levar pela tentação da exploração, rezemos ao Senhor.
T. **Senhor, escutai a nossa prece!**
(preces espontâneas)
A. Senhor, nosso Pai, que nos destes a boa notícia da chegada de vosso Filho ao mundo, bendito sois por este encontro fraterno, sinal do seu amor. Acolhei as nossas súplicas em nossas necessidades e livrai-nos sempre de todos os perigos.
T. **Pai nosso, que estais nos céus... Ave Maria, cheia de graça...**

VAMOS, SENHOR!
A. Nosso encontro termina e nossa missão continua. Peçamos a bênção para continuarmos perseverantes no seguimento de Jesus Cristo.
A. Nossa esperança está no nome do Senhor!
T. **Que fez o céu e a terra.**
A. Que a bênção do Senhor desça abundante em nossa vida.
T. **Em nome do Pai, e do Filho, e do Espírito Santo. Amém.**

Canto

7º DIA

A cura de todos os Males!

VINDE, SENHOR!
A. Irmãos e irmãs, o amor de Deus nos convoca na fé a preparar o Natal do Senhor. Unidos na esperança de sua vinda, iniciemos o nosso encontro:
T. Em nome do Pai, e do Filho, e do Espírito Santo. Amém.
A. Jesus, nascido em Belém, mestre e senhor, também é servidor de todos e não deixa que a doença tire o gosto de viver das pessoas e das famílias que sofrem com seus males.
T. Nossas famílias se alegram na festa do Natal de Cristo, que cura e liberta!

Canto

EM TEMPO DE PANDEMIA
A. Nos relatos das dores de milhares de famílias, há muitos casais que, depois de muitos anos juntos, contaminados juntos e no mesmo hospital cuidados, ali mesmo se despediram.
L1. A pandemia da Covid-19 não foi nem é só desconforto. Podemos fazer uma listagem de quanta realidade boa floresceu.
L2. Nas diversas ondas desse surpreendente e devastador vírus, tragamos a lembrança de fé bem vivida pela figura de José, recordado com seu cajado florido suas flores. Recordemos também o silêncio de Maria que guardava todas as coisas em seu coração.
A. Muitos de nós tivemos que buscar inspiração para cultivar nossas habilidades emocionais, aprimorando nossas competências profissionais. Muitos também se formaram em atitudes solidárias, perfumando seu ser-em-relação com um amor-companheiro e se fazendo parceiros.

Canto

A PALAVRA DE DEUS
A. Esta é a hora de acolher, com a alegria, o anúncio da Palavra. Deus novamente quer falar ao nosso coração.
L3. Leitura do Evangelho segundo Lucas 6,12-16. *(Ler diretamente na Bíblia)*
A. Senhor, que vossa Palavra ilumine a vida de nossas famílias!

(Instante de silêncio)

REFLEXÃO
A. Somos discípulos de Cristo. A cura feita por ele e contada no trecho do evangelho proclamado na novena tem um significado simbólico que alcança a humanidade em todos os tempos.
T. Somos vítimas de algum tipo de impureza que nos impede de estar em harmonia!
L1. Somos discípulos de Cristo. E o encontro profundo e real com Jesus nos sacramentos e no convívio com os irmãos pode nos curar de todos os males que nos tiram a paz e a decisão de viver em plenitude.
T. A cura maior é aquela que nos devolve o direito de viver e sonhar!
L2. Somos missionários de Cristo. E a missão que ele nos confia traz no seu cerne o dever e a tarefa do cuidado e da cura uns dos outros na comunidade.
T. O presépio do Natal é símbolo vivo de que Jesus chega para nos libertar de todos os males!
L3. Somos missionários de Cristo. O anúncio de sua mensagem e de sua vida já é o remédio eficaz para libertar as pessoas, as famílias e as comunidades de todas as enfermidades do corpo e do espírito.
T. O Natal é ocasião especial para pedir a Jesus as curas de que o mundo precisa!
L1. Na Igreja, como irmãos, as famílias são chamadas a experimentarem a comunhão e a participação. Juntas, unidas numa só fé e num só compromisso de vida, elas podem combater todas as doenças e, com a força de Cristo, curar todos os males que ainda fazem do mundo de hoje um lugar de tristeza e de abandono.
A. Este é um dos momentos mais importantes dessa novena de Natal porque nele ninguém vai ler. Todos são chamados, livremente, a cooperar com a meditação do tema de hoje. Participe.
(As perguntas abaixo podem ser substituídas por outras sugeridas pelo grupo)
1. Apesar do sofrimento da pandemia, que coisas boas podemos perceber que floriram em nossa vida?
2. O evangelho nos lembrou o gesto da cura realizado por Jesus em favor de um homem que era portador de hanseníase. Que lições tiramos desse trecho proclamado?

3. As famílias que estão participando da nossa novena têm participado com assiduidade dos encontros de formação e de oração de nossa paróquia e da nossa diocese? De que maneira?

Canto

GESTO CONCRETO
A. Ainda que todos já saibam qual será o gesto a ser realizado no final da novena como expressão concreta do compromisso que fazemos com a oração desta novena, seria bom que aprofundássemos a consciência sobre o que vamos fazer juntos.

(Conversa livre)

PROFISSÃO DE ESPERANÇA
A. O Natal de Jesus Cristo, nosso Senhor, é a concretização de nossa esperança. Renovemos nossa esperança por dias melhores:
T. **Bendito seja o Senhor Deus de Israel...** *(pág. 2)*

NOSSAS SÚPLICAS
A. Rezemos por todas as famílias que têm em casa ou no hospital alguma pessoa doente, especialmente por todas aquelas que ainda sofrem com a pandemia.
L1. Pelas famílias que sofrem com o peso das doenças que tiram a alegria de viver e deixam sempre um rastro de dor, para que sejam aliviadas com a cura, rezemos ao Senhor.
T. **Senhor, escutai a nossa prece!**
L2. Por todas as pessoas que ajudam as famílias a cuidarem de seus doentes em casa ou nos hospitais, para que sejam recompensadas com graças e alegrias, rezemos ao Senhor.
T. **Senhor, escutai a nossa prece!**

(preces espontâneas)

A. Senhor, nosso Pai, que nos destes a boa notícia da chegada de vosso Filho ao mundo, bendito sois por este encontro fraterno, sinal do seu amor. Acolhei as nossas súplicas em nossas necessidades e livrai-nos sempre de todos os perigos.
T. **Pai nosso, que estais nos céus... Ave Maria, cheia de graça...**

VAMOS, SENHOR!
A. Nosso encontro termina e nossa missão continua. Peçamos a bênção para continuarmos perseverantes no seguimento de Jesus Cristo.
A. Nossa esperança está no nome do Senhor!
T. **Que fez o céu e a terra.**
A. Que a bênção do Senhor desça abundante em nossa vida.
T. **Em nome do Pai, e do Filho, e do Espírito Santo. Amém.**

Canto

8º DIA

Este é Jesus!
(Contemplação dos mistérios gozosos)

VINDE, SENHOR!
A. Irmãos e irmãs, o amor de Deus nos convoca na fé a preparar o Natal do Senhor. Unidos na esperança de sua vinda, iniciemos o nosso encontro:
T. **Em nome do Pai, e do Filho, e do Espírito Santo. Amém.**
A. A contemplação dos mistérios do Santo Rosário é toda dirigida a Jesus, porque em Maria tudo depende de Cristo. Ela, cheia do Espírito Santo, aceitou o convite do Pai e recebeu Jesus no seu ventre. Rezar com Nossa Senhora é o caminho mais seguro para se chegar ao coração da Santíssima Trindade.
T. **Creio em Deus Pai...**

Canto

1º MISTÉRIO — **Anúncio do amor que se encarna**
A. Nossa Senhora recebe uma notícia esplendorosa. O amor de Deus vai mergulhar na história pelo Filho que ela conceberá. Sua resposta pronta e decidida é um modelo perfeito e atual para todos os que querem acolher Jesus em sua vida e na vida do mundo inteiro.
T. **"Eis aqui a serva do Senhor, faça-se em mim segundo a tua Palavra".**
L1. Recitemos este primeiro dos mistérios gozosos do terço, agradecendo o Pai, que nos enviou Jesus, e peçamos a ele que nos faça portadores de bênção para a vida de todas as pessoas que sofrem neste mundo.
(1 Pai-nosso, 10 Ave-marias, Glória ao Pai)

2º MISTÉRIO — O amor que se traduz em ajuda concreta

A. Nossa Senhora comunica sua alegria em ter sido escolhida pelo Pai para trazer Jesus ao mundo por meio de um gesto de caridade. Ela toma o caminho dos necessitados, indo ao encontro de sua prima Isabel, que estava grávida e já se encontrava em idade avançada. Cheia de amor, ela visita quem precisa.
T. "Você é bendita entre as mulheres, e é bendito o fruto do seu ventre!
L2. Rezemos este segundo dos mistérios gozosos do nosso terço, agradecendo as maravilhas que são realizadas pelos irmãos que se deixam guiar pelo Espírito Santo e peçamos o perdão de nossos pecados.
(1 Pai-nosso, 10 Ave-marias, Glória ao Pai)

3º MISTÉRIO — O amor nasce para transformar o mundo

A. Nossa Senhora acompanhou, melhor do que qualquer outra pessoa, o tempo do Advento. Ela viveu o Advento em toda a sua plenitude porque esperou, com carinho, o nascimento de Jesus. Ela é um exemplo radical de quem sabe a hora do Pai, quem conhece a hora do Filho, quem conhece e experimenta a hora do Espírito Santo. Exatamente por isso que ela é nossa bondosa mediadora.
T. "Enquanto estavam em Belém, Maria deu à luz o seu filho primogênito"
L3. Rezemos este terceiro mistério gozoso do terço, agradecendo ao Pai que nos deu Jesus como gesto total do seu amor por nós e peçamos por todas as crianças e adolescentes, para sejam protegidos de toda maldade.
(1 Pai-nosso, 10 Ave-marias, Glória ao Pai)

4º MISTÉRIO — A salvação chegou pelo amor enviado ao mundo

A. Nossa Senhora, na companhia de São José, leva Jesus para ser apresentado no Templo. Lá, ela ouve a declaração de que iria sofrer muito para cuidar daquele menino, mas que, por meio daquela criança, estava chegando ao mundo a salvação tão longamente esperada. Por amor e pelo amor, Ela se alegra com a notícia da salvação e assume a sua dura missão.
T. "Meus olhos viram a tua salvação".
L1. Recitemos este quarto mistério gozoso do terço, agradecendo o Pai que nos enviou Jesus e pedindo a ele que nos faça portadores de bênção para a vida de todas as pessoas que sofrem neste mundo.
(1 Pai-nosso, 10 Ave-marias, Glória ao Pai)

5º MISTÉRIO — O amor que se manifesta no cuidado

A. Nossa Senhora caminha de volta de uma viagem feita a Jerusalém e, num desencontro com o esposo e o filho, precisa voltar à cidade para procurar o menino. Encontra Jesus entre os entendidos da Lei e conversando com eles. Manifesta seu carinho e seu cuidado, ouve suas miste-

riosas justificativas e segue cuidando do menino que crescia em graça e estatura.
T. "Todos os que ouviam o menino estavam maravilhados com suas respostas".
L2. Rezemos último mistério gozoso do terço, para agradecer o Pai que nos deu Jesus e peçamos a Jesus que nos acompanhe nas exigentes lutas que temos no mundo de hoje para que salvemos o planeta da destruição.
(1 Pai-nosso, 10 Ave-marias, Glória ao Pai)

A. Jesus é o Filho amado do Pai do Céu. Nele também nós somos amados por Deus, que é nosso Pai. Acolher o amor de Deus é transmiti-lo aos irmãos e irmãs como Nossa Senhora fez. Peçamos a Maria, nossa Mãe, que nos ensine a cumprir nossa missão de discípulos missionários de seu Filho Jesus. De coração agradecido, rezemos:
T. Salve, Rainha, mãe de misericórdia...
A. Rogai por nós, Santa Mãe de Deus.
T. Para que sejamos dignos das promessas de Cristo.

PROFISSÃO DE ESPERANÇA
A. O Natal de Jesus Cristo, nosso Senhor, é a concretização de nossa esperança. Renovemos nossa esperança por dias melhores:
T. Bendito seja o Senhor Deus de Israel... *(pág. 2)*

VAMOS, SENHOR!
A. Nosso encontro termina e nossa missão continua. Peçamos a bênção para continuarmos perseverantes no seguimento de Jesus Cristo.
A. Nossa esperança está no nome do Senhor!
T. Que fez o céu e a terra.
A. Que a bênção do Senhor desça abundante em nossa vida.
T. Em nome do Pai, e do Filho, e do Espírito Santo. Amém.

Canto

9º DIA

Jesus Cristo é o Sol nascente que vem nos visitar

VINDE, SENHOR!
A. Irmãos e irmãs, o amor de Deus nos convoca na fé a preparar o Natal do Senhor. Unidos na esperança de sua vinda, iniciemos o nosso encontro:
T. Em nome do Pai, e do Filho, e do Espírito Santo. Amém.
A. Nosso caminho feito até o dia de hoje foi muito bonito e marcado pela participação de muitas famílias. Durante os oito dias da novena, meditamos a Palavra de Deus, confrontamos com a nossa vida do dia a dia e ainda buscamos a ajuda das experiências tristes e edificantes que vivenciamos durante a pandemia. Fizemos tudo isso para nos preparar para celebrar bem o Natal de Jesus.
T. Jesus é o Sol nascente que veio visitar e iluminar nossa vida.

Canto

EM TEMPO DE PANDEMIA
A. Além do vírus devastador da Covid-19 e suas inesperadas variantes, não sejamos desavisados de um outro envenenamento que cresce sem cessar: imagens equivocadas sobre Jesus e a Igreja. Há os que se deixam envenenar por decepções ou por escândalos.
L1. Há os envenenados por ideologias negacionistas da realidade e, contaminados, recusam a busca da unidade e do desfazer-se do ódio rancoroso. Há evolutivo envenenamento com o letal fundamentalismo e sua variante que é o fanatismo.
L2. Precisamos nos prevenir! Recriemos ambientes e arejemos o clima com a proximidade do Reino inaugurado por Jesus. Revisemos nossa

autoimagem com as imagens que fazemos de Deus, da Igreja e da sociedade.
A. Jesus veio ao mundo e mudou nossa história. Após atravessarmos as trevas da noite, brilha para nós a luz do Sol nascente que nos enche de esperança. Hoje, vamos nos alegrar com essa chegada e a transformação que ela realizou na vida da humanidade inteira de todos os tempos.

Canto

A PALAVRA DE DEUS

A. Cantemos para aclamar com alegria a proclamação do Evangelho de Cristo.
L1. Leitura do Evangelho segundo Lucas 9,28-36. *(Ler diretamente na Bíblia)*
A. Senhor, que vossa Palavra ilumine a vida de nossas famílias!
(Instante de silêncio)

A. Passamos a palavra, agora, para quem deseja dizer algo sobre nossa novena, sobre o trecho do Evangelho que ouvimos ou sobre o Natal do Senhor.
(Deixar um tempo livre para que quem quiser se expressar)

Canto

NOSSAS SÚPLICAS

A. Rezemos pelas famílias que participam desta novena e pelas famílias do mundo inteiro.
L1. Senhor, nosso Pai, ouvi a nossa oração e derramai a graça do amor e da harmonia sobre as famílias que mais precisam. Retirai a maledicência dos lares, expulsai a praga da traição e fortalecei os propósitos de convivência pacífica entre marido e mulher, entre os irmãos e entre pais e filhos, nós vos pedimos, Senhor.
T. Senhor, escutai a nossa prece!
L2. Senhor, nosso Pai, cobri as famílias com o manto da verdade e da coragem para que elas não cedam à tentação do Natal vivido somente nas aparências e no cultivo do consumo. Mostrai o caminho da atenção com os pobres e esquecidos e aquecei o coração de todos para ouvir o que Jesus nos diz, nós vos pedimos, Senhor.
T. Senhor, escutai a nossa prece!
(preces espontâneas)
A. Senhor, nosso Pai, que nos destes a boa notícia da chegada de vosso Filho ao mundo, bendito sois por este encontro fraterno, sinal do seu amor. Acolhei as nossas súplicas em nossas necessidades e livrai-nos sempre de todos os perigos.
T. Pai nosso, que estais nos céus... Ave Maria, cheia de graça...

NATAL É UM TEMPO DE BÊNÇÃOS

A. Ao pedirmos a bênção de Deus, estamos fazendo um ato de humildade porque reconhecemos que tudo é santo se permanece à serviço do bem neste mundo. Abençoar é dizer e crer na bondade das coisas, dos gestos, dos lugares e das pessoas. Neste momento, vamos pedir quatro bênçãos especiais no final de nossa novena. Primeiro, para a água que será usada para a aspersão. Em seguida, para o gesto concreto da novena; depois, para os pais e para todas as crianças.

(Momento de silêncio)

BÊNÇÃO PARA ÁGUA

(Apresenta-se a vasilha com água, que será aspergida durante o canto final)

A. Senhor, nosso Pai, bendita seja a água, sinal permanente da bondade e da misericórdia do vosso coração que, agora, jogada sobre nós, purifique e ilumine nossas casas, fortaleça nossas famílias e nos abra os ouvidos para ouvir tudo o que Jesus tem a nos dizer neste Natal. Ele que com o Senhor vive e reina, na unidade do Espírito Santo.

T. Amém.

GESTO CONCRETO

(Apresentam-se os símbolos dos gestos concretos da novena)

A. Senhor, nosso Pai, escolhemos um gesto concreto para manifestar nosso compromisso com a oração que fizemos todos esses dias. Neste gesto, vai um pouco do que somos e temos. Abençoai esta nossa ação e fazei com que ela se transforme em sementes para mudanças que nos levem a um mundo melhor. O mundo de partilha, de amor e de paz. O nosso pedido é feito em nome de Jesus, o Menino de Belém, que vive e reina com o Senhor na unidade do Espírito Santo.

T. Amém

BÊNÇÃO PARA PAIS E MÃES

(Os pais ficam sentados enquanto os filhos estendem suas mãos sobre eles)

A. Senhor, nosso Pai, em José e Maria, os pais de Nazaré, nós encontramos o modelo perfeito de paternidade e maternidade na terra. Derramai sobre nossos pais aqui presentes e sobre todos os pais do mundo a vossa bênção restauradora. Fazei com que eles permaneçam fiéis e animados com suas famílias e ajudai os casais a permanecerem unidos no amor. Esses pedidos nós fazemos em nome de Jesus, o Menino de Belém, que vive e reina com o Senhor na unidade do Espírito Santo.

T. Amém.

BÊNÇÃO PARA AS CRIANÇAS
(As crianças ficam sentadas enquanto os pais e toda comunidade estendem as mãos sobre elas)

A. Senhor, nosso Pai, aqui estão algumas crianças de nossa comunidade. Abençoai cada uma delas e todas as outras que se encontram agora em suas casas. Protegei cada uma dessas crianças das grandes ameaças desse mundo tão desorientado. Livrai nossas crianças dos violentos e exploradores e conservai esses meninos e meninas no caminho do bem. Pedimos em nome de Jesus, o Menino de Belém, que vive e reina com o Senhor na unidade do Espírito Santo.
T. Amém.

Canto

PROFISSÃO DE ESPERANÇA
A. O Natal de Jesus Cristo, nosso Senhor, é a concretização de nossa esperança. Renovemos nossa esperança por dias melhores:
T. Bendito seja o Senhor Deus de Israel... *(pág. 2)*

HOMENAGEM A MARIA
A. Nestes dias de novena, estivemos sempre muito bem amparados pela companhia da Mãe de Jesus. Ela nos acompanha neste Advento e nos leva para a cena bonita do presépio para, com ela, contemplarmos a nossa salvação que chega na forma doce e humilde de uma criança. Ela nos traz Jesus.

Canto *(canto em homenagem a Mãe de Deus)*

VAMOS, SENHOR!
A. Concluímos nossa novena, mas nossa missão continua. Peçamos a bênção do Senhor para que o Natal possa ser todo dia.
A. Nossa esperança está no nome do Senhor!
T. Que fez o céu e a terra.
A. Que a bênção do Senhor desça abundante em nossa vida.
T. Em nome do Pai, e do Filho, e do Espírito Santo. Amém.

Canto e confraternização

CANTOS

1. NOITE FELIZ
L: J. Mohr, 1818
M: Francisco Xavier Gruber, 1818

1. Noite feliz, noite feliz! Ó Senhor, Deus de amor, pobrezinho nasceu em Belém, eis na lapa Jesus nosso bem, dorme em paz ó Jesus. (bis)
2. Noite feliz, noite feliz, ó Jesus, Deus da luz, quão afável é teu coração que quiseste nascer nosso irmão e a nós todos salvar! (bis)
3. Noite feliz, noite feliz! Eis que no ar, vêm cantar aos pastores os anjos do céu, anunciando a chegada de Deus de Jesus Salvador! (bis)

2. SENHOR, VEM SALVAR TEU POVO
Letra e Música: Padre José Weber, svd

1. Senhor, vem salvar teu povo das trevas da escuridão. Só tu és nossa esperança, és nossa libertação. **Vem, Senhor, vem nos salvar! Com teu povo vem caminhar! (2x)**
2. Contigo o deserto é fértil, a terra se abre em flor; Da rocha brota água viva, da terra nasce esplendor.
3. Tu marchas à nossa frente, és força, caminho e luz. Vem logo salvar teu povo, não tardes, Senhor Jesus.

3. NOSSO DEUS VIU QUE O TEMPO CHEGOU
Letra: J. Thomas Filho
Música: Frei Fabreti

1. Nosso Deus viu que o tempo chegou e uma Virgem lhe disse que sim. Vem, que um menino chorou entre as palhas assim: é Natal! **Glória a Deus no mais alto dos céus e que os homens encontrem Belém, tragam seus olhos sem véus, reconheçam também: é Natal, Natal!**
2. O poder fez as contas, porém para ter a certeza na mão. Mas nem notou que em Belém rncontramos o irmão, é Natal!
3. Um menino nasceu, vamos lá! E quem viu foi correndo e contou: na manjedoura ele está, Deus-conosco chegou. É Natal!

4. AGORA É TEMPO DE SER IGREJA
Letra e música: Maria Luiza Ricciardi

Agora é tempo de ser Igreja, caminhar juntos, participar! (bis)
1. Somos povo escolhido, e na fronte assinalado. Com o nome do Senhor, que caminha ao nosso lado.
2. Somos povo em missão, já é tempo de partir, é o senhor que nos envia, em seu nome a servir.

3. Somos povo esperança, vamos juntos planejar, ser igreja a serviço, e a fé testemunhar.

5. ESTOU PENSANDO EM DEUS
Pe. Zezinho

Estou pensando em Deus, estou pensando no amor.
1. Os homens fogem do amor, e depois que se esvaziam, no vazio se angustiam e duvidam de você. Você chega perto deles mesmo assim ninguém tem fé.
2. Eu me angustio quando vejo que, depois de dois mil anos, entre tantos desenganos poucos vivem sua fé. Muitos falam de esperança mas esquecem de você.
3. Tudo podia ser melhor se meu povo procurasse, nos caminhos onde anda se, pensar mais no meu Senhor. Mas você fica esquecido e por isso falta o amor.
4. Tudo seria bem melhor se o Natal não fosse um dia e se as mães fossem Maria, e se os pais fossem José. E se a gente parecesse com Jesus de Nazaré.

6. PELAS ESTRADAS DA VIDA
Letra e Música: M. Espinosa

1. Pelas estradas da vida, nunca sozinho estás. Contigo pelo caminho, Santa Maria vai.

Ó vem conosco, vem caminhar, Santa Maria vem. (2x)
2. Se pelo mundo os homens, sem conhecer-se vão, não negues nunca a tua mão a quem te encontrar.
3. Mesmo que digam os homens, tu nada podes mudar luta por um mundo novo de unidade e paz.
4. Se parecer tua vida inútil caminhar, lembra que abres caminho, outros te seguirão.

7. MARIA, MISSIONÁRIA DE DEUS
Letra: Dom Pedro Brito Guimarães
Música: Telmo José Tomio, OSM

1. Um dia em Nazaré Sonhou contigo José e o anjo anunciou: "Serás Mãe do Salvador!" E hoje esta é a nossa missão: fazer feliz nosso irmão!

Maria Imaculada Senhora da Conceição nas lutas da caminhada: é nosso o teu coração.
2. Um dia lá em Belém, sinal prá Jerusalém, nasceu Jesus, Deus - Menino, e o humano se torna divino, e assim esta é a nossa missão: fazer feliz nosso irmão!
3. Um dia lá em Caná, a Mãe vê o vinho faltar... Revelar o caminho da fé: "Fazer o que Jesus disser!" E ainda esta é a nossa missão: fazer feliz nosso irmão!